自分を守る
ネットリテラシー

ネットゲーム・
ショッピングの
罠

監修 遠藤 美季

はじめに

　ICT（Information and Communication Technology：情報通信技術）によって、わたしたちの生活はとても便利になっています。学習や趣味といった個人的な利用から、社会がかかえる課題の解決にも役立ち、未来は大きく変わっていくでしょう。

　ICTは、わたしたちがより豊かに、そして幸せになるためのものですが、使い方次第で、自分や周囲を巻きこむ大きなトラブルをまねくこともあります。いじめや犯罪などのトラブル、炎上、依存など、生活や心身の健康をおびやかすこともあります。あふれる情報にふり回されて、人々の間に争いや分断も起きています。「ちょっと失敗した」ではすまないことも多くあるのです。

　近年、AI（Artificial Intelligence：人工知能）の目覚ましい発達でより問題は複雑になり、情報のあつかいも難しくなってきました。状況は日々変わりますが、ICTを利用する際の基本の考え方は変わりません。本シリーズで紹介することを意識し、ネットリテラシー（インターネットを適切に使いこなす力）を身につけることができれば、トラブルをさけ、情報社会を上手に生きていく一助になるでしょう。

　ネットリテラシーを身につけるためには、アナログの体験も必要です。自分の五感を使って広い世界を知り、インターネットでは得られないさまざまな経験をしておくことが、ネットをコントロールする力やトラブルがあったときのレジリエンス力（回復力）になります。人への優しい気持ち、自分を大切にする心も忘れずに、みなさんが情報の海をたくましく安全に航海していくことを願っています。

遠藤 美季

この本の見方

この本は、テーマごとにマンガから始まります。マンガの中の当事者になったつもりで、自分ならどうしたかを考えましょう。そして、Q&Aや深ぼり解説を読んで、「トラブルを防ぐにはどうしたらよいか」を学び、ネットのモラルとリテラシーを身につけましょう。

テーマ

トラブルにつながりそうなちょっとしたエピソードをマンガにしています。

Q&A

Ｑ …自分が当事者なら、どうしていたか、どう思うか考えてみましょう。

Ａ …どうしたらトラブルを防げたかをここで知りましょう。

Ａの下に続く解説で、ほかにはどんなことに気をつけたらよいかを知っておきましょう。

深ぼり解説

マンガ、Q&Aであつかったテーマについて、知識をしっかり身につけるページ。

本当にあったトラブル

実際の事例からどのようなトラブルが起きているか学び、注意点をしっかりおさえましょう。

column

学習や生活に役立つアプリ、ガチャのやりすぎや実況動画の見すぎの影響などについて紹介しています。

もくじ

episode 1

ネットショッピングは便利で 楽しいけど

episode 2

つづきが気になってた
マンガが無料サイトに
あったの！　ほら

これって違法な ダウンロード？

ネットショッピングは便利で楽しいけど

新しいバッグ🖤🖤
#ジュアンコーデ

○1 💬1 ♡14

この子ジュアンちゃんが
持ってたバッグ買ったんだ！
いいなぁ……

はぁ〜〜

みんなのあこがれ
ジュアンちゃん

!?

何だろこのリンク……

http://・・・・・・・・

定価¥8,000の商品が
65%off
¥2,800

定価¥8,000の商品が
65%off
¥2,800

定価¥8,000の商品が
65%off
¥2,800

え！　こんなに安いの!?
ジュアンちゃんと
同じカラーもある！

キャー—!!
カワイイ—!!

よし決めた！　買っちゃお！

カートに入れる

安さにつられて注文しちゃったけど、大丈夫だよね？

スマホやパソコンひとつで手軽に買い物ができる、ネットショッピング（オンラインショッピング）やフリマアプリ（ネット上の個人売買サービス）。商品の種類が豊富で、店に行ったり商品を運んだりする手間もなく、自宅に商品が届くからとても便利。

でも、届いた商品に不備がある、交換や返品をしようとしても連絡が取れないなどのトラブルに巻きこまれることがあります。ネットショッピングやフリマアプリを利用する際は、家の人と一緒に利用規約を確認し、了承を得てからにしましょう。

よくあるネットショッピングのトラブル

**商品が画面で見た
イメージとちがう**

商品の写真はすごくきれいだったけど、実際に届いたものは、写真には写っていなかった裏側や細かい部分のつくりが雑で、素材もすごく安っぽい。実物を見ていたら買わなかったのに……。

**ブランド品の偽物
（コピー商品）だった**

「あのブランド品がこんなに安くなってる！」と思って喜んで注文したのに、届いた商品をよく見たらブランドのロゴがちょっとだけちがう……。調べてみたら、偽物だったみたい。本物だと思ったのに！

**お金を支払ったのに
商品が届かない**

商品を注文して、お金も振りこんだのに、いつまで待っても商品が届かない。購入画面にあった問い合わせフォームから連絡しても返事がない……。詐欺だったのかな？

ネットショッピングには、偽物や粗悪品を売ってるサイトもあるんだね

ネットショッピングで だまされないために知っておこう

「24時間いつでも買い物ができる」「店に行く時間を節約できる」「種類が豊富」など、ネットショッピングにはメリットがいっぱい。ネットショッピングを安全に楽しむために、ショッピングサイトを見るときの注意点をしっかりおさえておきましょう。

利用するときに注意すること

ショッピングサイトを利用するときには、利用するサイトが詐欺目的でつくられたあやしいものではないかを見極める必要があります。見た目は有名な大手ショッピングサイトにそっくりでも、実際には偽物の「なりすましサイト」の場合もあります。こうしたサイトにクレジットカード番号や住所などの個人情報を入力すると、悪用される危険があるので注意しましょう。

また、偽サイトによる詐欺が巧妙化しています。買い物をする際は、国民生活センターなどで最新の情報を確認しておきましょう。

＊不正な転売をしていたり、あやしい食品や薬を販売していたりするサイトもあるので注意しましょう。

こんなサイトには要注意！

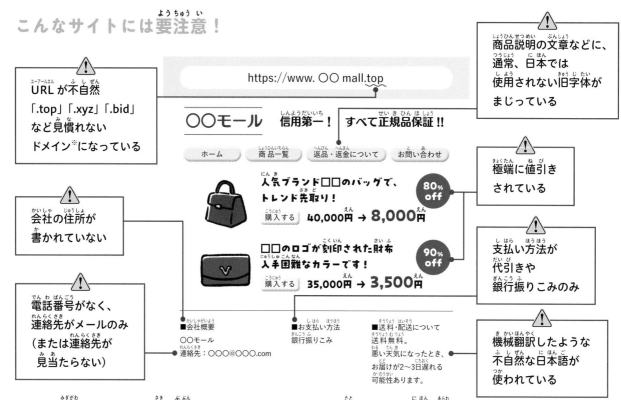

URLが不自然
「.top」「.xyz」「.bid」など見慣れないドメイン※になっている

商品説明の文章などに、通常、日本では使用されない旧字体がまじっている

https://www. ○○ mall.top

○○モール　信用第一！　すべて正規品保証!!

ホーム　商品一覧　返品・返金について　お問い合わせ

人気ブランド□□のバッグで、トレンド先取り！
購入する　40,000円 → 8,000円　80% off

□□のロゴが刻印された財布
入手困難なカラーです！
購入する　35,000円 → 3,500円　90% off

■会社概要
○○モール
連絡先：○○○@○○○.com

■お支払い方法
銀行振りこみ

■送料・配送について
送料無料。
悪い天気になったとき、お届けが2～3日遅れる可能性あります。

会社の住所が書かれていない

電話番号がなく、連絡先がメールのみ（または連絡先が見当たらない）

極端に値引きされている

支払い方法が代引きや銀行振りこみのみ

機械翻訳したような不自然な日本語が使われている

※いちばん右側の.（ドット）から先の部分をトップレベルドメインといいます。例えば「.jp」は日本を表しています。

高評価のレビューは「やらせ」の可能性がある

大手ショッピングサイトなどで、商品のレビューを確認してから買えば平気と思っている人がいるかもしれませんが、高評価ばかりのレビューも要注意です。企業からお金をもらったサクラによるやらせのレビューがたくさん書きこまれていることがあるからです。こうしたサクラ行為はルール違反ですが、実際には数多くの事例があります。日本語に不自然なところがないか、同じ文章が何度も投稿されていないかなどを見極めて正しい判断をすることが必要です。

レビューを書きこんだのが「サクラ」かどうかをチェックする、有志によるサイトもあります。

> サクラチェッカー
> https://sakura-checker.jp

●よりよい商品を購入するためにも、さまざまな情報を比較しましょう。

「ステルスマーケティング」の手法と問題点

ステルスマーケティングとは、消費者に広告であることを伝えず商品やサービスの宣伝をすることをいいます。「インフルエンサー」と呼ばれるSNS上の情報発信で影響力のある人物に、商品をほめる投稿をしてもらうことで、消費者の注目を集めます。インフルエンサーは企業からお金をもらっているにもかかわらず宣伝ということをかくして、好意的な投稿をします。インフルエンサーには多くのファンがいるので、投稿をきっかけにその商品を購入する人がたくさん出てくるのです。

ステルスマーケティングとは？

企業　　　　SNSなど

宣伝依頼・報酬

インフルエンサーなどが企業と関係があることをかくして投稿

ステルスマーケティングが法規制されるようになった背景

消費者は、商品やサービスの広告とわかれば、ある程度、誇張されているものと考えますが、ステルスマーケティングはこうした消費者の判断をゆがませるおそれがあるため、問題視されてきました。2023年10月からステルスマーケティングが規制され、景品表示法によって罰則が設けられるようになりました。広告の投稿の場合は、「広告」「PR」「宣伝」などの表記が義務づけられています。消費者であるわたしたちは、これらが書かれているかをよく見て、書かれている場合は「広告目的の投稿」であることを理解しておく必要があります。

【広告】を明示した例

influencerABC

とても使いやすいシャンプーです‼
【広告】
○○コーポレーションさんに××シャンプーを提供していただき、わたしも1か月使ってみました！　すごくいい香りで、朝起きたときに髪がからまりにくくなった気がします。髪の毛がパサパサしてなやんでいる人におすすめ！

フリマアプリの危険性を知っておこう

フリマアプリでどんなトラブルが起きているの？

フリマアプリとは、オンライン上で、品物をフリーマーケットのように売り買いすることができるアプリのこと。フリマアプリには「メルカリ」や「ラクマ」などがあります。売るほうも買うほうも個人なのでトラブルに発展する場合も多く、注意が必要です。例えば、「未使用に近い」ものを買ったつもりが届いたら使いこまれたものだったり、ブランド品に見せかけた偽物を買ってしまったり、入金したのにいつまでも品物が届かなかったりといったトラブルが数多く発生しています。

＊地域密着型を売りにする「ジモティー」では、商品を直接手わたしすることもあります。知らない人に会うことになるため、保護者と一緒に人通りの多いコンビニエンスストアや駅などで会うなどの対策も大切です。

フリマアプリのトラブル予防と対策

フリマアプリでは、トラブルが起きたときは当事者同士で解決することが基本です。トラブルを防ぐために、取り引きする相手や商品の情報を十分集めるようにしましょう。

フリマアプリには、購入者と出品者のあいだで直接お金のやりとりをしないなどの禁止されている行為があります。しかし、こうした規約を守らず別の支払い方法や連絡手段を要求してきたり、まだ商品が届いていないのに受け取り確認を求めてきたりする出品者がいます。こうした人とのトラブルに巻きこまれた場合は取り引きを中止して運営会社に通報しましょう。当事者間での話し合いや運営会社への通報でもトラブルが解決しない場合は、消費生活センターなどに相談しましょう。

フリマアプリは個人間取り引きです

Aさんはフリマアプリでゲーム機を購入。商品の箱の画像を確認して買いましたが、中身は空で、箱だけが届きました。同様に、ほかの電子機器を写真や箱だけで出品する人もいます。

中身が入っていなかった

こうした出品は、フリマアプリ運営会社が削除や警告をしていますが、購入時は商品説明をよく読み、写真を確認して、十分注意しましょう。

（出所：X（旧Twitter）のメルカリ公式アカウント）

フリマアプリでDVDを購入したBさん。商品到着後すぐに受け取り評価※の連絡をしましたが後日、海賊版（音楽や映画などを無断でコピーしたもの）のDVDであることに気づきました。運営会社に返品・返金を申し出ても受け取り評価済みのためどうすることもできず、出品者と交渉してほしいといわれてしまいました。

誤って海賊版を購入してしまった

このようなケースをさけるため、フリマアプリ利用時は、商品の受け取り評価は慎重に行うようにしましょう。受け取り評価前であれば、運営会社に相談できる場合もあります。

※受け取り評価…購入者が商品を受け取り、中身を確認した後に行う評価。
（出所：国民生活センター「子ども・若者サポート情報第178号」2022年）

フリマアプリでスニーカーを購入したCさんは、出品者から「今日中にお金が必要なので、直接自分の銀行口座に代金を振りこんでほしい」と持ちかけられました。不審には思いましたが、どうしてもスニーカーが欲しかったので、出品者の銀行口座に代金を振りこむことに……。その後、連絡がなく、商品も届きませんでした。

振りこんだが商品が届かない

フリマアプリが用意した決済方法以外で代金を支払うことは、利用規約で禁止されている場合もあるので、要求には応じないようにしましょう。

（出所：国民生活センター「相談急増！フリマサービスでのトラブルにご注意」2018年）

episode 1 ネットショッピングは便利で楽しいけど

これって違法なダウンロード？

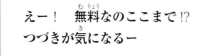
えー！　無料なのここまで!?
つづきが気になるー

あっ　そうだ！

マンガ　無料サイト

マンガ　全話無料

マンガ　無料公開

マンガ　海賊版

つづきを読む
コインを購入

あ！

①騎士の旅　★★★★

②騎士の　★★★

③騎

やったー！　あったー！

何さわいでんだよ

つづきが気になってた
マンガが無料サイトに
あったの！　ほら

それ違法な
サイトだよ

そうなの？

よくわかんないけど
ダウンロードしよっと

Q せっかくタダで見られるんだから、
音楽やマンガは公式以外の無料サイトから
ダウンロードしてもいいよね？

 A マンガや音楽などの著作権で保護された作品を、著作者や出版社などの許可を得ずに、ネット上に不正に公開しているサイトを「海賊版サイト」といいます。海賊版サイトであることを知りながらダウンロードしたり共有したりすることは、違法となり刑事罰の対象になることがあります。

海賊版サイトから
ダウンロードしたら違法

2021年に「改正著作権法」が施行され、インターネット上に違法に掲載された「海賊版」だと知りながら音楽、映像、マンガなどの著作物をダウンロードすることは、個人で楽しむためであっても違法と定められました。もちろん、権利者の許可を得ずにインターネットにアップロードすることは以前から違法で、罰則もあります。

海賊版の被害額は？

コンテンツ海外流通促進機構（CODA）によると日本のコンテンツの海賊版被害は深刻で、2022年の被害額は約1兆9,500〜2兆2,020億円にもなると推計されています。

（出所：CODA ウェブサイト）

海賊版サイトを利用する人が増えて
犯罪者の利益が増えてるんだ

それってマンガ家やアーティストの人たちに利益が
わたっていないってことだ！

13

あなたの行動が作者を苦しめているかも？

あなたがふだん何気なくやっていることが、著作権や肖像権を侵害してしまうかもしれません。大好きなクリエイターや推しのアイドルを苦しめないためにも、やっていい行為かどうか、きちんと確認するようにしましょう。

マンガを撮影して SNS に投稿

マンガの内容は著作権で保護された「著作物」です。また、マンガは商品として販売されているもので、中身を読むためにはお金を払う必要があります。著者や出版社の許可を得ずにだれもが見られるSNS上に投稿することは「著作権侵害」にあたるため、違法です。

アニメのキャラクターや好きなアイドルの写真をアイコンやプロフィール画像に使う

イラストをかいた人の許可を得ずにサイトに掲載したり、投稿に利用したりした場合は、著作権侵害です。また、実在の人物の写真の場合は肖像権の侵害です。ネット上の画像はパソコンやスマホに保存できることが多いので、「自由に使える」などと思ってしまいがちです。個人で楽しむために保存することまでは許されていますが、だれもが見られるところに投稿したり、自分のSNSのアイコンにしたりしてはいけません。フリー素材とされているものでも利用規約があり、利用を制限されていることもあります。すべての著作権を放棄していない場合があるので必ず規約を読みましょう。

ネット上の画像や動画をスクショして、自分の SNS や投稿に使うのは NG

＊マンガやアニメのキャラクターは、商標権や意匠権が登録されていることがあります。権利侵害にならないように注意しましょう。

ゲーム実況動画の配信

基本的に、ゲームの内容を無断で配信すること
は、権利者の著作権侵害にあたります。ただし、ゲー
ム実況動画などがゲームの宣伝になって売り上げ
に貢献することもあるため、ネタバレになる動画
の投稿や投げ銭（ライブ配信をしている人に金銭
や応援アイテムを送ること）の禁止などの条件つ
きで、実況動画の配信を許可している場合もあり
ます。配信する前に、必ずゲーム会社のガイドラ
インを確認しましょう。

＊ガイドラインに反して、ネタバレをふくむ実況動画を配信した実況
者が逮捕されたケースもあります。

「歌ってみた」の動画配信

発表された音楽作品にはさまざまな権利があり
ます。CDの音源をそのまま使った動画をアップ
ロードすることは著作隣接権（レコード会社や実
演家※1を保護する権利）の侵害にあたりNGです。
また、自分で演奏・歌唱して録音したものでも著
作権侵害にあたることがあります。歌詞や曲が著
作物で、作者に著作権があるためです。

ただし、YouTubeやニコニコ動画などの動画配
信プラットホームはJASRAC※2と利用許諾契約を
結んでいるため、広告や宣伝を目的としない個人
が演奏・歌唱した場合は手続きなしでアップロー
ドできることになっています。しかし、学校やグ
ループの場合では条件がちがいます。投稿する前
に必ず手続きが必要かどうか、JASRACのサイト

で確認しましょう。JASRACが管理していない曲
の場合は、音楽権利情報検索ナビで検索し、レコー
ド会社や著作権サービス運営者の許諾が必要かど
うか確認しましょう。

※1　実演家とは、演奏家や歌手などの実演を行う者のこと。
※2　一般社団法人日本音楽著作権協会（JASRAC）は、国内の多く
　　のアーティストの著作権を管理している団体。

「おどってみた」の動画配信

ふりつけにも著作権があり、ほかの人がつくっ
たふりつけでおどり、録画して無断で投稿するこ
とは、著作権侵害のおそれがあります。しかし、
投稿が許可されている場合もあります。投稿の際
には許可が必要かどうか確認しましょう。また、
CDの音源を使うと著作隣接権の侵害になること
もあるので注意しましょう。

学習や生活に役立つアプリ

勉強やくらしをサポートするもの、趣味の世界が広がるものなど、おすすめアプリを紹介します。

＊機種やOSのバージョンによって使用できない場合があります。アプリの利用推奨年齢は、OSによって異なるのでインストールの際に確認してください。
＊アプリ内課金や広告表示があるもの、規約に同意を求めるものもあるので、インストールする前に必ず保護者に確認を取りましょう。

みんなの予定がひと目でわかる
TimeTree（タイムツリー）

アプリの価格：無料／アプリ内課金：あり

仲間とひとつのカレンダーで予定を共有したり、メッセージ機能でコミュニケーションできるアプリ。家族、友だちなどのグループ別に、複数のカレンダーを管理することができます。新しい予定や、急な変更があっても、すぐに知らせてくれるから安心。また、コメントや写真を投稿できるので、わざわざほかのメッセージアプリを開かなくても、相談や話し合いができます。

いつでも最新の予定を共有できるよ！

身近ないきものを知って世界を広げよう
Biome（バイオーム）

アプリの価格：無料／アプリ内課金：なし

「これ、なんといういきもの？」と思ったら、アプリに写真を投稿。写真・季節・場所の情報から、最新のAIがいきものの名前を教えてくれます。図鑑ページには、日本で見られる動植物が約10万種も登録されており、対象のいきものを見つける「いきものクエスト」など楽しいアクティビティもあります。全国のいきもの好きとつながって、身近な自然の不思議を実感しましょう。

いきものを撮影後、「動物のなかま」か「植物のなかま」かを選択。AIが種名を判定してくれる

ゲーム感覚でスマホ時間を減らそう
新・スマホをやめれば魚が育つ

アプリの価格：無料／アプリ内課金：あり

勉強中でも、家族といるときも、ついスマホを見てしまう。そんな人におすすめなのがこのアプリ。スマホを使わない時間を自分で決め、その間スマホを閉じていれば、魚がアイテムを集めるというもの。集まったアイテムで魚を育てたり、魚の種類を増やしたりできます。スマホをやめる時間を決めることで勉強などに集中できるし、集中した分だけ魚を育てられます。

時間を決めてスマホを閉じるから集中力アップ

スマホを使わない時間が多いほど、たくさんの魚を育てられるよ！

自分だけの問題集がつくれる

暗記メーカー

アプリの価格：無料／アプリ内課金：あり

試験の前など、自分に合った問題集があれば、効率よく勉強できそう。このアプリを使えば、自分だけの問題集がつくれます。問題の形式が選べるし、正解しなかった問題だけにしぼったり、教科書やノートのメモをスキャンして問題をつくったりと、より頭に入りやすい問題集をつくることができます。友だちと共有できるので、一緒に勉強するのも楽しくなりそうです。

記述式や選択式など問題形式が選べる

すきま時間にも勉強できる

勉強量を管理してやる気をアップ

Studyplus
スタディプラス

アプリの価格：無料／アプリ内課金：あり

勉強時間などをこのアプリに記録すると、自動的にグラフ化されるので、日々の勉強量がひと目でわかります。また、自作のノートなどを登録できる上、同じ目標をもつ仲間とは、学習記録をシェアしたりコメントしたりできるから、ますますやる気アップにつながります。

教科別に勉強時間がグラフ化される

column ①

スマホの中に本だなをつくろう

ブクログ

アプリの価格：無料／アプリ内課金：なし

本が好きで、読書を記録したい人におすすめの読書管理アプリ。読んだ本や気になる本を簡単に登録でき、自分の本だなには表紙の写真がズラリとならびます。感想を書いたり、友だちの感想を読んで参考にしたり、また、新刊本や話題の本などをチェックできます。登録内容によって好みの本が紹介され、本の好みが合う人との交流も楽しめます。

読み終わった本を登録して、グラフ化できるよ！

どうしても欲しいアイテムが売ってる！

はぁ〜〜〜……

みんなのは
めっちゃかわいいのに
わたしのは……

初期アバター…

ねーパパ！　お願い

1回だけでいいから
このゲームのコイン
買ってくれないかな？

1回だけだからな

100コイン
購入確定

ありがとー！

どれにしよっかな？

後日

えー！
ハロウィンのアイテム出てる！
めっちゃかわいい！

きゅ〜〜ん

買えるの今だけじゃん！
欲しい〜！！

購入手続き

もしかして
買えたりして……

無料のネットゲームをやってたんだけど、
課金アイテムがどうしても欲しくなっちゃった！
親に内緒で買っちゃおうかな……

スマホなどのネットゲーム（オンラインゲーム）は、最初は無料で遊べても、課金をすることでより楽しく遊べたり、ゲームを有利に進めることができたりするため、課金したい気持ちになります。無料でダウンロードできるゲームでも、遊ぶ前に保護者と課金についても話し合って、あらかじめルールを決めておくことが大切です。

課金に関するトラブルは増えているの？

スマホやタブレットの中に登録してあるクレジットカードの情報を使って、年齢をいつわれば小学生や中学生でも保護者に無断で、ネットゲームのアイテムやコインを購入できてしまいます。ゲームのアイテムやコイン欲しさに、保護者に無断で課金をくり返し、後に高額な請求書が届くという事例が増えています。絶対にやめましょう。

これも欲しい！

ウズ　ウズ

あれも！

無料のネットゲームには課金したくなるしかけがある

ネットゲームは最初にゲームの購入代金を払うものばかりではありません。最初は無料でゲームをダウンロードできるようにしておいて、途中からお金を使えば使うほどゲームで有利になったり、より楽しく遊べるようなしかけがあったりします。魅力的なゲームを提供し続けるために、ゲーム会社も利益を求めていることを理解しておきましょう。

アイテム欲しさに親に内緒で課金するところだった。
課金をしたらどうなるかを考えなきゃね

ゲームの支払い・課金のしくみ

　広告収入で運営されているゲームを除いて、利用者は何らかの形でゲームにお金を払います。

　例えば「買い切り型」では、最初にパッケージを購入したり、ダウンロードしたりするときにお金を払えば、あとは最後までプレイすることができます。月額料金を支払えば特定のゲームを自由にプレイできる「サブスクリプション型」もあります。前ページで紹介したネットゲームのように、最初のダウンロードは無料で、ゲームを有利に進められるアイテムや、キャラクターをランダムで入手できる「ガチャ」などが有料になっているタイプもあります。

　中には、「無料」と宣伝しつつ途中までしかプレイできず、その先は課金が必要というものや、学習アプリでも広告を非表示にするには課金が必要というものもあるので注意が必要です。また、ゲームにいくら使ったかわかりづらい場合もあります。いくら使ったか把握しておきましょう。

ゲームの年齢区分（レーティング）って？

　国内で販売される家庭用ゲームのソフトには、表現内容に応じて年齢区分があり、「○才以上対象」といった右のようなマークがついていることがあります。これはゲームソフトにふくまれる表現や内容を審査する特定非営利活動法人コンピュータエンターテインメントレーティング機構（CERO）という団体の審査結果をもとにゲーム会社などがつけているものです。ゲームの内容に性的表現や暴力的表現、犯罪行為の描写があるかなどで判断されています。

　また、CEROの審査は、ゲームの関係者ではなく一般から募集された20才代〜60才代のさまざまな職業の男女で構成された審査員によって、レーティング審査が行われています。

年齢区分の対象となる表現・内容は含まれておらず、全年齢対象であることを表示しています。

12才以上を対象とする表現内容が含まれていることを表示しています。

15才以上を対象とする表現内容が含まれていることを表示しています。

17才以上を対象とする表現内容が含まれていることを表示しています。

18才以上のみを対象とする表現内容が含まれていることを表示しています。
（18才未満者に対して販売したり頒布したりしないことを前提とする区分）

本当にあったトラブル

「キャリア決済」だとお金がかからないと思い、高額課金

課金にはクレジットカードの番号が必要なはずだが、「キャリア決済」を選んだらお金を払わなくてもアイテムが手に入った。だからそれ以降、毎回選ぶようにした。実は「キャリア決済」は課金したぶんを、携帯電話の利用料金に上乗せして支払うしくみだったため、翌月の携帯電話料金が高額になってしまった。

キャリア決済はお金を払わなくてもいいって友だちもいってたし

（出所：国民生活センター「子どものオンラインゲーム課金のトラブルを防ぐには？」2021年）

episode 3 どうしても欲しいアイテムが売ってる！

小学生がゲームの年齢確認画面で「20歳以上」を選択して課金

20歳以上ですか？

ポチ

YES

あるゲームをしていた小学生が、小学生だと課金できない設定になっていたので、年齢確認画面で「20歳以上」を選んでから高額課金してしまった。運営会社に保護者が相談したが、子どもによる課金かどうか判断がつかないことから、返金に応じてもらえなかった。

（出所：国民生活センター「子どものオンラインゲーム課金のトラブルを防ぐには？」2021年）

「ゲーム代行業者」にアカウントを乗っ取られた

SNSで「○円で、学校に行っているあいだにレベル上げをしておきます」という書きこみを見つけて、お金を払ってレベル上げを依頼。IDとパスワードを教えたところ、パスワードを変更されて、アカウントを乗っ取られてしまった。後で、お金を払ってアカウントをほかの人に預けることが規約違反だということも知った。（➡ 24ページ）

（出所：日本経済新聞「ゲーム代行 トラブル多発」2020年6月10日の記事）

ネットゲームに関する決まりをつくろう

ネットゲームは楽しいものですが、注意して使わないとさまざまなトラブルの原因になります。保護者と話し合って、ゲームに関する決まりをつくっておきましょう。

 やっていいゲームを決めるときは?

新しいゲームを始めるときや、スマホやタブレットに新しくゲームをダウンロードするときは、保護者に内容を確認してもらいましょう。ゲームによっては推奨する年齢を示す年齢区分（レーティング）のマークがついていることもあるので、必ず確認しましょう。また、ゲームの評判をインターネットなどで調べるのも参考になります。

 ゲームはソフトもアプリも「〇歳以上」という年齢区分があるので、必ず確認しよう。

 ゲームの時間を決めるときは?

ゲームは長時間の利用になりがちです。続きをやりたいときや、つらい現実からにげたいときなど、理由はいろいろあるかもしれません。でも、ゲームをやりすぎると、やるべきことがおろそかになったり、寝不足になってしまったりすることもあります。そうならないように「平日は1日1時間まで」「ゲームをやるのは宿題を終わらせてから」など、具体的なルールを決めて、やりすぎないようにしましょう。

 1日の利用時間と何時までかなどを年齢に合わせて話し合い、決めておこう。

課金に関するルールを決めるときは？

スマホゲームの課金はタップするだけで簡単にできるため、大人でも、いつのまにか高額のお金を使ってしまうことがあります。また、クレジットカードでの支払いや、携帯電話料金に上乗せした支払い（キャリア決済）などの場合、請求書が届いてはじめて高額の課金をしていたことに気づくということがあります。「課金はしない」「1か月の上限額を決める」「毎回保護者に確認する」など、ルールを決めておきましょう。また、ゲームによっては年齢区分ごとに課金の上限額を定めているものもあります。年齢をいつわって登録しないことも約束しておきましょう。

友だちもしてて〜

わたしも課金したいなぁ〜

えっ 課金

 ポイント 「プリペイドカードの利用にかぎる」「アイテムなどを購入する前に報告する」などを決めておこう。

「ペアレンタルコントロール」の機能も活用しよう！

スマホやタブレット、ゲーム機などのデジタル機器には「ペアレンタルコントロール」という機能があります。保護者が未成年の使う機器に制限をかけたり、どのように使ったかを把握し管理できるしくみです。機器を1日何時間まで使えるか設定したり、保護者の許可がないとアプリのダウンロードや課金ができないようにしたりすることができます。安全や健康のためにも保護者と決めたルールとともに、こうした機能を活用しましょう。

設定 ON

 ポイント 「知らない人とのコミュニケーションを制限」「課金や購入の制限」「プレイ時間の確認や制限」などを保護者に設定してもらっておこう。

リアルマネートレード（RMT）って何？

ゲームやアプリの利用者同士が、ゲーム内のアイテムやコインなどを現実のお金で取り引きすることをリアルマネートレード（RMT）といいます。通常苦労して手に入れるレアアイテムを簡単にお金で取り引きできることから、個人間や業者による売買が行われています。SNSなどで取り引き相手を募集していることもあります。ゲームの公平性を損なうため、ほとんどのゲームでは利用規約で禁止されていて、規約に違反した場合はアカウントの停止などの措置がとられます。

RMTで商品を買う人

ゲームをやりこまずに
レアなアイテムを
手に入れたい

どんなずるをしてでも、
みんなに勝ちたい

自分さえ楽しければ、
ゲーム会社やほかのプレイヤーは
どうでもいい

RMTで商品を売る人

ゲームを利用して、
楽して大もうけしてやろう！
ゲームに夢中なプレイヤーは
いいカモだ……

お金もうけをするために、アカウントの乗っ取りや不正ツールの使用などの犯罪行為も行う人もいる。

ほかの人の
アカウントを
ぬすんでやろう

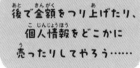

後で金額をつり上げたり、
個人情報をどこかに
売ったりしてやろう……

▼

ゲーム会社に損害をあたえ、それが原因でゲームの提供が終了したり、
会社が倒産したりすることもある！

RMTトラブルを防ぐには?

　RMTを通じた詐欺の被害が増えています。お金を振りこんだ後、相手と連絡が取れなくなったり、送られてきたキャラが希望するものではなかったりといった報告があります。また、売り手がチート行為※やバグの悪用といった不正や違法な手段で手に入れたものを売っていることもあります。RMTは、多くのゲームで禁止されているので、取り引きで詐欺の被害にあっても、取り引きのため

に交換した連絡先を悪用されても、ゲームの運営会社に相談ができなかったり、相談先が見つからなかったりということもあります。

　また、RMTで購入するだけで、ゲームの運営会社にあなたのゲームアカウントを凍結されたり、二度とそのゲームができなくなったりしてしまうこともあります。RMTのトラブルを予防するには、RMTには手を出さないということが何よりも大切です。

※ゲームのプログラムを変えたり、キャラクターの移動速度を変えたりすること。

RMTが広まると平等にゲームが楽しめなくなる!?

　ネットゲームでは、参加者が同じ条件、ルールでゲームをしています。強いアイテムがなかなか手に入らないのは、そのほうがゲームがおもしろくなるからです。RMTによって「ゲームの外」でアイテムを手に入れる行為は、ルールを破る「ずる」です。そういうことをする人が増えると、ゲームを平等に楽しむことができなくなってしまいます。

ゲームに夢中になりすぎてない？

淳太ー！
早く風呂に入れよー！
冷めちゃうぞー

ピロン

はいはい

風呂どころじゃないんだって
今日は絶対にリョウに勝たなきゃ！

もう少しで最高得点いけそー！
ふぅー！

がばっ

あ！　風呂！

やべー宿題もしてないや……

……あと1回だけ

Q やめたいけど、やめられないんだ。
どうしたらいいの？

A ネットゲームには、「クリアした達成感を得られる」「毎日ログインすればボーナスをもらえる」などプレイヤーが夢中になる要素がたくさんあります。まずはそれらを知って、「ゲーム障害※」にならないように注意しましょう。自分だけではゲームをやめられないと感じたら、すぐに保護者など周囲に相談することが大切です。

※ゲーム依存ともいいます。

プレイヤーがやめられないのは？

ゲームには、長くゲームを楽しめるくふうがされています。やればやるほどレアなアイテムを手に入れられるようにしたり、プレイヤーのランキングを発表したりして、競争心や達成感を刺激します。毎日ログインするとアイテムがもらえるしくみで、いつのまにか習慣化してしまうこともあります。

また、リアルの友だちやネットで出会った仲間とともに戦うゲームもあります。仲間が戦っているのに自分だけぬけられないというように、対人関係を悪くしたくないという理由で、ゲームをやめられない場合もあります。そのほか、現実逃避の手段としてはまってしまい、ゲームをやめられない場合もあります。

無料で始められる	ネットゲーム上に仲間がいる	ログインボーナスがもらえる	レアアイテムが手に入れられる

おたがいの考えや意見を伝えあって
使用時間などの約束事を決めないとな

ゲームのせいでやるべきことができなかった……って
ならないように約束を守るね

ゲーム依存・ゲーム障害について知ろう

ゲームをやりすぎたら、どんな影響が出るのかを理解しましょう。そして、ゲームをする人は、ゲームズテストで、ゲームと自分の日常を振り返ってみましょう。

依存症といわれる基準は？

正常なレベル	グレーゾーンなレベル

正常なレベル
- ☐ 自分で決めた時間でゲームをやめられる。
- ☐ 勉強や睡眠時間に影響がない。
- ☐ 長くやる日があっても、用事ができたりすればすぐにやめられる。
- ☐ やらない日もある。

グレーゾーンなレベル
- ☐ 家の人などに注意されてやめることが多い。
- ☐ ふだんの学校生活には影響がない。
- ☐ ほかの用事があってもゲームのことが気になってしまう。
- ☐ ほとんど毎日、ヒマなときはいつでもやっている。

ゲームのやりすぎは病気なの？

　ゲームに限らず、何かをやめたくてもやめられないというのは「依存」と呼ばれる状態です。世界保健機関（WHO）は、2022年に国際疾病分類（ICD）の中で、ネットゲームなどをやりすぎて日常生活に支障が出てしまう症状について、「ゲーム障害」という病名を発表しました。

　「①ゲームをする時間がコントロールできない、②日常生活よりもゲームを優先する、③ゲームが原因の問題などが起きてもゲームを続けてしまったりエスカレートさせてしまったりする、④学業や仕事に著しい支障がある」この4つすべてが12か月以上続く場合、期間が短くても重症である場合はゲーム障害と診断されることがあります。

ゲームズテスト（GAMES test）

　過去12か月について、以下の質問のそれぞれに、「はい」「いいえ」のうち当てはまる方に〇をつけてください。最後の質問については、もっとも当てはまる回答をひとつ選んでください。なお、ここでいうゲームとは、スマホ、ゲーム機、パソコンなどで行うゲームのことです。

（出所：Higuchi S et al. Journal of Behavioral Addictions, 2021.）

⚠ 依存や病気のレベル ⚠

☐ 自分ではゲームをやめたくてもやめられず、家の人などに注意されるとケンカになる。

☐ 健康に影響が出ているのにやめられない。

☐ 学校を遅刻・欠席、睡眠時間をけずる。

☐ いつもゲームのことが気になって、できないときは不機嫌になる。

脳に影響をあたえることも

　ゲームをやりすぎると、脳の中で快楽を感じる「報酬系」と呼ばれる神経系が刺激されます。それに慣れると、さらに強い刺激を求めて一層のめりこんでいきます。

　また、脳の理性を司る前頭前野と呼ばれる部分の機能が低下し、衝動的な感情をおさえるのが難しくなるという報告もあります。

① ゲームをやめなければいけないときに、しばしばゲームをやめられませんでしたか。

　　　はい　　　　　いいえ

② ゲームをする前に意図していたより、しばしばゲーム時間が延びましたか。

　　　はい　　　　　いいえ

③ ゲームのために、スポーツ、趣味、友だちや親せきと会うなどといった大切な活動に対する興味が著しく下がったと思いますか。

　　　はい　　　　　いいえ

④ 日々の生活で一番大切なのはゲームですか。

　　　はい　　　　　いいえ

⑤ ゲームのために、学業成績や仕事のパフォーマンスが低下しましたか。

　　　はい　　　　　いいえ

⑥ ゲームのために、昼夜逆転またはその傾向がありましたか（過去12か月で30日以上）。

　　　はい　　　　　いいえ

⑦ ゲームのために、学業に悪影響が出たり、仕事を危うくしたり失ったりしても、ゲームを続けましたか。

　　　はい　　　　　いいえ

⑧ ゲームにより、睡眠障害（朝起きられない、眠れないなど）や憂うつ、不安などといった心の問題が起きていても、ゲームを続けましたか。

　　　はい　　　　　いいえ

⑨ 平日、ゲームを1日にだいたい何時間していますか。

A 2時間未満　　**B** 2時間以上、6時間未満

C 6時間以上

判定結果　　　　　　点

▶ 各質問項目に対する回答の数字を合計する。5点以上の場合、ICD-11による「ゲーム障害」が疑われる。

①〜⑧ …… はい は1点

⑨ ………… A は0点、B は1点、C は2点

ゲーム依存・ゲーム障害を予防するには？

ゲーム依存にならないために、好きなゲームを一切しない、ということは難しいでしょう。ゲームをやりすぎてしまう人は、ゲームをやりすぎてしまう原因を考えることが大切です。

ゲーム依存・ゲーム障害を予防する具体策

●ゲーム以外に熱中できる趣味を見つける

ほかに打ちこめる趣味がないと、ついついひまな時間をすべてゲームに費やしてしまう。スポーツや読書など、ゲーム以外の楽しみを探してみよう。

●友人や家族との会話の時間を増やす

ゲームの中にしか理解してくれる人がいないと思ってしまうとゲームに依存してしまいがち。友人や家族とのコミュニケーションを大切にして、気軽に話せる関係をつくっておこう。

●お手伝いなどで　自分の役割をもつ

週に1回そうじをする、ごみ出しをするなど、家事を担当してみよう。ゲーム以外にやりがいを感じられることを見つけてみよう。

●時間を計りながらする

ゲームをやるときに、タイマーなどをかけてやりすぎを防ぐ。スクリーンタイムなどの端末の機能を活用して、いつどれくらいしているか確認する。

●ひまな時間にゲームをしてしまうのを減らす

スマホやゲーム機を引き出しの中などに置くようにして、必要のないときに無意識にゲームを始めるのを防ぐ。

リアルで心がつかれているときは？

ゲームをやりすぎてしまう背景には、リアル（現実）の世界につらいことをかかえていることもあるかもしれません。学校の授業や人間関係がつらかったり、目標や夢がなく何をしたらいいのか思いつかなかったり、話せる人がいなくてさびしかったり……。ゲームばかりしてしまうときは、はまる原因が何かを考えてみましょう。

「ガチャ」のやりすぎや 「実況動画」の見すぎにも注意

● 「ガチャ」をどうしてもやりたくなる理由は？

オンラインゲームには「ガチャ」と呼ばれる、ランダムにアイテムなどが手に入るシステムがよくあり、それが「射幸心」をあおり、やめづらくなるといわれます。射幸心とは「運で利益を得たいという気持ち」のことで、このせいで1回引いてはずれでも「次は当たるかもしれない」と期待してタップしてしまうのです。

あ、あと1回

● 当たりそうで当たらない「ガチャ」のしくみ

店などにあるカプセルトイは、回すたびに中のカプセルの数が減っていきます。仮に、はじめに100個のカプセルが入っていて、欲しいアイテムがひとつしか入っていなかったとしても、100分の1、99分の1、98分の1……と、回すたびに当たる確率が上がっていきます。

一方、オンラインゲームの抽選ガチャは、カプセルトイとはしくみがちがいます。出現確率（提供割合）が1％の場合でも、100回チャレンジすれば必ず1回当たるという保証はありません。また、希望しないアイテムが重複することもあります。

抽選ガチャは高額課金にもつながるため、あらかじめきちんと金額や回数を決めて楽しみましょう。

● 「実況動画」にはまってない？

ゲームのようすをプレイしながら紹介する「実況動画」にはまっている人は要注意。動画の配信者の中には登録者数や視聴回数を増やすために派手にお金を使って演出している人もいます。それを見てうらやましく感じ、自分も過度にお金を使いたくなってしまうことがあるのです。

ネットゲームでトラブル発生！

XYZ
おいおい
全然当ってないぞー

うう……

LOSE

あっ

ばーん

XYZ
クッソ！
このザコが！

おい！　足ひっぱんなー

XYZ
向いてねーから
やめろカス！

カイまでそんな……

まったく
何やってんだよ！

う……うん
ごめん………

Q ネットゲームで友だちにひどいことをいってしまった。どうしてゲームだと暴言をはいちゃうのかなぁ？

A ゲーム中は、緊張感を高める演出や音楽などの効果もあって、興奮状態になります。それが敵を倒すゲームなどの場合は、つい感情的になり、言葉も攻撃的になってしまいがちです。また、相手の表情が見えずゲームに気をとられて相手に気づかいをする余裕もなくなってしまうので、必要以上に激しく、大声になったりひどい言葉を使ったりしてしまうことがあるのです。

ボイスチャット・テキストチャットでのトラブルが多い

多くのネットゲームでは、ほかのプレイヤーとボイスチャットやテキストチャット（リアルタイムの会話）ができるようになっています。オンラインゲームでは同じゲームをやっている知らない人とプレイすることもあり、年齢や性別、住んでいる場所などの異なる人たちとコミュニケーションをとることがあります。

しかし、ゲーム中は興奮しがちで、ついつい攻撃的な言葉を使ってけんかになったり、ミスをした味方の失敗を責めたり、うっかり知らない人に個人情報を話してしまったりと、チャット機能を原因としたトラブルが多発しています。

足ひっぱんなよ

マジうぜぇ！

チームやめてほしいわー

ゲームに夢中になりすぎて、ふだん使わないような言葉が出ちゃった。ホント、ごめん

ゲームのとき、カイが別人みたいでこわかったよ。ぼくもあのまま戦っていたらテンション上がっていってたかも

ネットゲームで よくあるトラブル

仲間はずれ

友だち同士でチームを組んでプレイできるような ゲームの場合、ゲームに勝ちたいがために、ミスをした友だちをひどく責めたり、ゲームがうまくない人をチームから追いだしたりしてしまうことがあります。ゲームの中だけでなく、それが原因で学校やネットでの仲間はずれやいじめにつながってしまうこともあります。

（吹き出し：もう誘ってくれないのかな……）
（吹き出し：今日も３人でやろうぜ）

高額課金とアバター

ゲームは無料で始めても、いつのまにか夢中になって高額課金をしてしまうということがあります。アイテムやポイントだけでなくお金をかけれ ば、見た目（コスチュームや顔）や動き（ダンスなど）を変えられるゲームもあります。また、初期設定のコスチュームの人をからかったり、仲間はずれにしたりするなどのいじめも問題になっています。

あおり行為

ほかのプレイヤーと対戦するゲームでは、勝った人が負けた人に対して「あおり行為」をすることがしばしば見られます。あおり行為とは、挑発したり、いやがらせをしたりすること。ゲームではチャットで相手に対して「下手だねw」などと馬鹿にしたり、アクションですでにたおした敵に対して攻撃をくり返したりするなど、わざと相手に自分の強さを見せつけるようなプレイをしたりすることがあげられます。あおり行為は、相手のミスをさそう戦略のひとつ

（吹き出し：あっ　やりすぎた？　ごめんね〜w）

とされることもありますが、ほとんどの場合、自分のストレス発散のために相手を侮辱する行動なので、マナー違反であるとともにトラブルの原因にもなっています。

こうすれば大丈夫！

つながる相手を実際に知っている人だけにする

　ネットゲームの多くは、同時にゲームに接続しているほかのプレイヤーと一緒にプレイできるようになっています。しかし、知らない人とつながると悪意のある相手とつながる可能性もあり、トラブルの原因にもなり得ます。だれでもフレンドとして許可するのではなく、はじめから学校の友だちや知り合いなどよく知っている人以外とはつながらない設定にしておくと、トラブルがあっても早く対応することができます。

友だちとルールを話し合っておく

　友だちとだけつながっていても、思いがけず暴言をはいてしまったり、ゲームの勝ち負けがトラブルのきっかけになってしまったりすることがあります。あ

らかじめ友だち同士で、「ミスは責めない」「ひどいことをいってしまったらすぐに謝る」「ヒートアップしたら一度ゲームをやめる」など、ルールを決めておくとトラブルになっても解決しやすくなります。

ゲームのペースをほかの人に合わせすぎないようにする

　友だちや仲間とつながりながら楽しむゲームでは、待ち合わせして何時間もオンラインでつながったままにしてしまうことがあります。また、自身の役割を果たさ

なければならないと考えてしまいがちです。活躍するとみんなに認められて充実感を得られます。そうした気持ちでゲームをしていると、ゲームがやめづらくなり依存にもつながります。ゲームを楽しむためにも、自分のペースや時間を大切にして、ほかの人のペースには合わせすぎないように注意しましょう。

eスポーツ部ってどんなところ？

eスポーツとは、electronic sports の略で、ゲームの技を競うものです。世界で競技人口が増えるなか、日本でも中学・高校の部活動でeスポーツ部を取りいれる学校が増えています。eスポーツの全国大会に出場経験のある中央大学高等学校のパソコン部eスポーツ部門にインタビューしてみました。

プロフィール 中央大学高等学校　パソコン部eスポーツ部門

◈ 部員数

eスポーツ部門：10人
顧問1人、ほかにコーチ1人

◈ 歴史

eスポーツ部ができたのは、2019年
U19eスポーツ選手権や
高校生eスポーツ大会「STAGE:0」などに出場経験あり。

◈ 部活の活動時間
平日：16～18時
週2回

大会前は活動を週3回に増やすことや、土日に練習することもあります。

eスポーツ部ってどんな人が入部するの？どんな雰囲気？

ほとんどの生徒が初心者でスタートします。入部するまでパソコンをさわったことのない生徒も多いのですが、すぐに操作に慣れます。また、部員の数が多く、引退した先輩もよく遊びにきてくれるので、和気あいあいとした雰囲気でやっています。

部活と勉強の両立は？

定期テスト2週間前には、勉強に切りかえるようにしています。部員同士で勉強会を開くこともあります。

試合や大会で学んだことは？

eスポーツで大事なのは、仲間同士のコミュニケーション。大会を通じてチーム内のきずなを深めることができました。

チームメイトがミスをしても、あたたかい声かけをしたりします。おかげで、自分の感情をコントロールする力がつき、ストレスにも強くなりました。

column ③

eスポーツ部で学べることって？

メンバー同士で一緒に作戦を考えたり、はげましあったりするなかで、人との関係性を築いていけます。学校内だけでなく、他校の生徒とも交流できるのが、eスポーツのよいところです。

ゲーム中は、状況に応じて瞬時に判断する必要があるため、集中力や判断力が身につきます。また、戦略やチームワークの重要性を学ぶことができます。仲間と支えあいながら、ともに積み上げていく時間は、何ものにもかえがたい経験となります。

ネットいじめや SNS・インターネット上の書きこみについて相談したいときは

電話で相談

こどもの人権 110 番

0120-007-110

● 受け付け時間は月曜日〜金曜日の午前 8 時 30 分〜午後 5 時 15 分（祝日・年末年始を除く）。

いじめでなやんでいるときや、まわりに困っている人がいるときなどに相談できます。通話料はかかりません。

メールで相談

こどもの人権 SOS-eメール

インターネット人権相談
https://www.jinken.go.jp/kodomo

● 24 時間受け付け

相談の返事には何日かかかるので、すぐに相談したいときは、こどもの人権 110 番に電話を。

LINE で相談

LINEじんけん相談

↓こちらから友だち追加をしてください

@snsjinkensoudan

● 受け付け時間は月曜日〜金曜日の午前 8 時 30 分〜午後 5 時 15 分（祝日・年末年始を除く）。

相談は 1 日 1 回、1 回 30 分を目安としています。

電話で相談

消費者ホットライン

いやや！ 188

ネットショッピングやネットゲームでのお金のトラブルについて相談したいときは

ネットで買った商品が届かないといったトラブルや、無料だと思ったゲームで高いお金を請求されたなどのトラブルは、この番号に電話すると地域の消費生活相談窓口につながります。トラブルでなくても、不安なことがあれば相談してみましょう。相談は無料で、年末年始を除いて毎日利用できますが、地域によって受け付け時間はことなります。

便利！ 危険？

自分を守るネットリテラシー

● 監修：遠藤 美季　・A4変型判/各40ページ　・NDC370/図書館用堅牢製本

「タブレットやスマホを使う」「SNSで情報発信をする」「ネットでゲームやショッピングをする」……。

どれも小中学生が学校や生活で日常的にしていることです。本書では、ネットを使う小中学生にとって身近なトラブルをマンガで紹介し、回避策を提示しています。

マンガで「あなたならどうするか？」を考えてみましょう。どこに原因があったのか、どうすればトラブルを防げるかを解説から学び、1人1台しっかり活用できるネットリテラシーを、本シリーズで身につけてください。

基本を知ってリスク回避

タブレットやスマホを使うときの注意点を軸に、授業で役立つ著作権や家庭で活かせるタブレット・スマホを使うためのルールのつくり方を収録。

- episode 1 タブレットを使うときに注意したいこと
- episode 2 自分のID、パスワードは最高機密！
- episode 3 タブレットやスマホを使い過ぎると
- episode 4 その情報、信じて大丈夫？
- episode 5 タブレットやスマホとうまく付き合っていくには？

SNSにひそむ危険

SNSを楽しく使いこなすためのコツや、ネットを介したメッセージのやりとりのポイント、犯罪に巻きこまれないための注意点を解説。

- episode 1 チェーンメールが回って来たらどうすればいいの？
- episode 2 メッセージのやりとりでトラブルになっちゃった
- episode 3 その投稿、大丈夫？
- episode 4 グループトークで仲間はずれに
- episode 5 人を傷つけるような書きこみにショック！
- episode 6 SNSの出会いには危険がいっぱい！

ネットゲーム・ショッピングの罠

ネットショッピングでだまされないために気をつけたいこと、ネット（オンライン）ゲームをするときの課金やチャットトラブルを防ぐ方法をくわしく紹介。

- episode 1 ネットショッピングは便利で楽しいけど
- episode 2 これって違法なダウンロード？
- episode 3 どうしても欲しいアイテムが売ってる！
- episode 4 ゲームに夢中になりすぎてない？
- episode 5 ネットゲームでトラブル発生！

監修 **遠藤 美季**（えんどう みき）

保護者・学校関係者・子ども向けにネット依存の問題や情報モラル・リテラシーへの関心を広げるための活動をする任意団体エンジェルズアイズを主宰。保護者、子どもからのメールによる相談の受けつけ、助言も行っている。またアンケートによる意識調査や取材などを通じ現場の声から未成年のネット利用についての問題点を探り、ネットとの快適な距離・関係の在り方について提案している。
著書に『脱ネット・スマホ中毒』（誠文堂新光社）、監修書に『あの時こうしていれば……本当に危ないスマホの話』『大人になってこまらない マンガで身につく ネットのルールとマナー』（金の星社）ほか多数。

- ●マンガ　　　　久方 標
- ●本文イラスト　くらた みゆう
- ●原稿執筆　　　矢部 俊彦、永山 多恵子
- ●シナリオ　　　古川 美奈
- ●デザイン　　　Kamigraph Design
- ●校正　　　　　有限会社 ペーパーハウス
- ●編集　　　　　株式会社 アルバ
- ●協力　　　　　株式会社 Time Tree、株式会社 バイオーム、スタディプラス 株式会社、
　　　　　　　　中央大学高等学校 パソコン部eスポーツ部門、瀬川 武史、山田 敬汰

便利! 危険? 自分を守るネットリテラシー
ネットゲーム・ショッピングの罠

初版発行　2024年1月

監修／遠藤 美季

発行所／株式会社 金の星社
〒111-0056 東京都台東区小島1-4-3
電話／03-3861-1861（代表）
FAX／03-3861-1507
振替／00100-0-64678
ホームページ／https://www.kinnohoshi.co.jp

印刷／広研印刷 株式会社
製本／株式会社 難波製本

40P.　29.5cm　NDC370　ISBN978-4-323-06178-8
©Shirube Hisakata, Miyuu Kurata , ARUBA,2024
Published by KIN-NO-HOSHI SHA,Tokyo,Japan

よりよい本づくりをめざして
お客様のご意見・ご感想をうかがいたく、
読者アンケートにご協力ください。
ご希望の方にはバースデーカードを
お届けいたします。

＼＼ アンケートご入力画面はこちら！ ／／

https://www.kinnohoshi.co.jp